Chiara Lubich
Der verlassene Jesus

Chiara Lubich

Der verlassene Jesus

Meditationsimpulse
über das Geheimnis
der größten Liebe

 VERLAG NEUE STADT
MÜNCHEN · ZÜRICH · WIEN

Herausgegeben von Stefan Liesenfeld

© für die italienischen Originaltexte von Chiara Lubich:
  Città Nuova Editrice, Rom
Übertragung ins Deutsche: Gudrun Griesmayr und Stefan Liesenfeld
Die Einführungen und Zwischentexte stammen vom Herausgeber.

Klimaneutral gedruckt. Weil jeder Beitrag zählt.

2016, 1. Auflage
© Alle Rechte bei Verlag Neue Stadt GmbH, München
Gestaltung und Satz: Neue-Stadt-Grafik
Druck: cpi – Clausen & Bosse, Leck
ISBN 978-3-7346-1102-5
www.neuestadt.com

Inhalt

Vorwort 7

Eine Begegnung
  mit der größten Liebe 11

Facetten seines Antlitzes 26

Göttliche Alchimie 32

Eine Liebe, die alle und alles umfängt:
  Der verlassene Jesus und die Einheit 41

„Der Gott unserer Zeit" 50

Mysterium des dreifaltigen Gottes 56

Quellenverzeichnis 63

Als die sechste Stunde kam, brach über das ganze Land eine Finsternis herein. Sie dauerte bis zur neunten Stunde. Und in der neunten Stunde rief Jesus mit lauter Stimme: *Eloï, Eloï, lema sabachtani?*, das heißt übersetzt: *Mein Gott, mein Gott, warum hast du mich verlassen?* Einige von denen, die dabeistanden und es hörten, sagten: Hört, er ruft nach Elija!
Einer lief hin, tauchte einen Schwamm in Essig, steckte ihn auf einen Stock und gab Jesus zu trinken. Dabei sagte er: Lasst uns doch sehen, ob Elija kommt und ihn herabnimmt. Jesus aber schrie laut auf. Dann hauchte er den Geist aus. Da riss der Vorhang im Tempel von oben bis unten entzwei. Als der Hauptmann, der Jesus gegenüberstand, ihn auf diese Weise sterben sah, sagte er: Wahrhaftig, dieser Mensch war Gottes Sohn.

Markus 15,33–39

Seid untereinander so gesinnt, wie es dem Leben in Christus Jesus entspricht:

Er war Gott gleich, / hielt aber nicht daran fest, wie Gott zu sein, / sondern er entäußerte sich / und wurde wie ein Sklave / und den Menschen gleich. / Sein Leben war das eines Menschen; / er erniedrigte sich / und war gehorsam bis zum Tod, / bis zum Tod am Kreuz.
Darum hat ihn Gott über alle erhöht / und ihm den Namen verliehen, / der größer ist als alle Namen ...

Philipper 2,5–9

Vorwort

Es ist ein universales Menschheitsthema, so alt und so umfassend wie kaum ein anderes. Immer schon hat es alle berührt, betroffen und getroffen, verbunden und getrennt. Es ist zugleich so persönlich, dass allgemein gehaltene Reden wie auch gutgemeinte Worte selten und wenig dienen. Es ist das Thema, an dem für viele Menschen Gott zu einer einzigen großen Frage geworden ist und wird: das Leiden, der Schmerz, das Negative, die Abgründe menschlichen Lebens – in ihren tausend Facetten, immer neu, auch immer wieder schockierend, und die Frage nach dem Warum.

Eine ganz persönliche Erfahrung liegt den Texten dieses Buches zugrunde, eine Entdeckung, nicht in einem exklusiven Sinne, wohl aber im Sinne eines unerwarteten Findens oder Gefunden-Werdens. Vielleicht würde man statt Entdeckung besser sagen: eine Begegnung. Eine Begegnung, die sogar dann, wenn sich äußerlich nichts verändert oder ändern lässt, doch *alles* verändert: die Begegnung mit dem gekreuzigten und verlassenen Jesus, mit dem menschgewordenen Sohn Gottes, der in der Gottverlassenheit am Kreuz stirbt.

Für Chiara Lubich (1920–2008), als Gründerin der Fokolar-Bewegung vielen bekannt, war die Begegnung mit ihm eine Initialzündung. Wenn ihre Spiritualität als „Spiritualität der Einheit" bezeichnet wird, so ist dies, wie sie selber sagte, nur eine Seite der Medaille: Die andere, die dunkle Seite, ist „der gekreuzigte und verlassene Jesus". Jesu Hingabe am Kreuz hat neben dem physischen Leid ja eine abgründige „Innenseite": einen existenziellen, seelischen Schmerz, der sich – so das Markus- und Matthäusevangelium – in dem Schrei Bahn bricht: „Mein Gott, mein Gott, warum hast du mich verlassen?" Hier begegnet uns paradoxerweise die größte Liebe: Niemand hat eine größere Liebe, als wer sein Leben hingibt (und die Beziehung zu seinem Vater war *alles* für Jesus: sein Leben!) für seine Freunde (und in seiner Hingabe hat er allen das Angebot seiner Freundschaft gemacht). Die dunkle Seite wird zu einer Seite voller Licht.

Jesu Gottverlassenheit wirft neues Licht auf sein ganzes Leben. Umgekehrt lässt sich nur dann etwas von ihrem Geheimnis erahnen, wenn wir uns vergegenwärtigen, wie dieser gekreuzigte und verlassene Jesus gelebt hat und wer er von Ewigkeit her ist: Sohn Gottes. Jesu Gottverlassenheit ist der Höhepunkt, in dem sich alles bündelt, was er war und ist: ganz Gott, ganz Mensch. Mittler, Erlöser. In seiner „Entäußerung", seinem Zu-Nichts-Werden aus Liebe kommen Himmel und Erde zusammen, Gott und Welt. Da zeigt sich, wer der Mensch ist (*Ecce homo*: Seht, der Mensch!). Da zeigt sich, wer Gott ist: sich selbst verschenkende dreifaltige Liebe. Ein Geschehen zwischen Vater und Sohn, in dem wir mit drinnen sind, ein Geschehen, in dem uns ihr Band der Einheit, der Geist, geschenkt wird.

Jesu Gottverlassenheit am Kreuz ist Höhepunkt und Nullpunkt in einem. In einem anschaulichen Bild gesagt: Der verlassene Jesus ist „die Pupille, durch die Gott die Menschen sieht und durch die wir Gott sehen" (Chiara Lubich).

Jesu Gottverlassenheit, auch darauf hat Chiara Lubich unermüdlich hingewiesen, darf freilich nie in theologischen Spekulationen enden. Diese müssen zurückführen ins Leben. Jesus leidet, auch heute. Sehr konkret. In uns, mit uns, für uns. In den Nächten und Nöten unserer Zeit. In jedem Menschen. Besonders in den Verlassenen, Kranken, Bedrängten, Fremden, Ausgestoßenen, Abstoßenden ... In jedem, auch in uns, in mir. In seiner Kirche. In aller Zerrissenheit. In aller Gottferne ... *Sein* Ruf nach Gott wird zum Anruf an uns; Jesu Gottverlassenheit ruft geradezu nach einer Antwort der Liebe.

Die hier zusammengestellten Texte stammen aus unterschiedlichsten Zusammenhängen. Der Versuch einer Systematik möchte helfen, einen Einstieg zu finden zu einer (neuen?) Begegnung „mit dem Geheimnis der größten Liebe", mit dem gekreuzigten und verlassenen Jesus.

EINE BEGEGNUNG MIT „DER GRÖSSTEN LIEBE"

Die Frage nach dem Warum des Leids ist so alt wie der Mensch selbst. Er hat immer wieder versucht, darauf eine Antwort zu finden ... Doch das Problem bleibt, und vor allem bleibt die faktische Existenz des Leids.

Eines Tages wurde meine Aufmerksamkeit auf den Schrei Jesu am Kreuz gelenkt: „Mein Gott, mein Gott, warum hast du mich verlassen?" (Markus 15,34; Matthäus 27,46) ... Jemand hatte mir gesagt, dass Jesus in diesem Moment – als er, von allen Menschen verlassen, sich auch noch von Gott verlassen fühlte – am meisten gelitten habe. Ich fragte mich: Wie konnte der Vater zulassen, dass Jesus das erleiden musste? Er liebte doch seinen Sohn über alle Maßen!? Dann verstand ich: Jesus hatte einen besonderen Plan der Liebe zu erfüllen – für uns alle. Um unseretwillen hat er gelitten; und er ist auferstanden, damit alle, die an ihn glauben, mit ihm auferstehen. Sein Leben kann jede leidvolle Lebensgeschichte erhellen. Auch über uns, die wir Kinder Gottes sind, liegt ein wunderbarer Lebensentwurf.

Eines Tages kam eine sehr engagierte Person zu mir, die eine Gruppe junger Leute betreute. Es war ihr gelungen, die Jugendlichen durch Treffen in der Freizeit, durch gemeinsames Musizieren und interessante Geschichten für den Glauben zu begeistern. Sie fragte mich, ob ich den Jugendlichen etwas erzählen könnte. Ich sagte zu. „Aber worüber werden Sie sprechen?", wollte sie wissen. – „Über die Liebe." – „Und was ist die Liebe?", fragte sie neugierig nach. – „Der gekreuzigte Jesus", antwortete ich ...

Damals war es in den traditionell geprägten kirchlichen Kreisen, aus denen wir kamen, nicht üblich, von der Liebe zu sprechen. Schon gar nicht konnte man sich vorstellen, dass es gut für das Apostolat wäre, gleich über den Gekreuzigten zu reden. Aber hat Jesus nicht gesagt, er werde alle an sich ziehen, wenn er am Kreuz erhöht ist (vgl. Johannes 12,32)?

Ich muss gestehen, dass ich bis heute nicht weiß, wer mir diese Definition der Liebe in den Mund gelegt hat. Die Liebe, das ist der Gekreuzigte, der sich „für uns", „für mich" hingegeben hat, wie Paulus schreibt (Epheser 5,2; Galater 2,20).

Ich lebe im Glauben an den Sohn Gottes, der „mich geliebt und sich *für mich* hingegeben hat" (Galater 2,20). Was Paulus hier sagt, kann jeder auf sich selbst beziehen: „Für mich" hat Christus sich hingegeben.

Jesus, wenn du für mich gestorben bist, wie könnte ich an deiner Großmut zweifeln? Wenn ich glauben darf, dass du, der Sohn Gottes, für mich gestorben bist, wie sollte ich nicht alles daransetzen, um auf diese Liebe zu antworten?

Für mich ... Ein Wort, das die Einsamkeit der Einsamsten überwindet. Ein Wort, das jedem Menschen eine erhabene Würde zuspricht, gerade den Geringsten und Verachteten. Ein Wort, das uns ergreift und mit überströmender Freude erfüllt ...

Für mich, Herr, all diese Schmerzen? Für mich dein Schrei am Kreuz?

Allzeit denkst du an mich, als ob es nur mich gäbe – und genauso an jeden anderen. Das gibt uns – mehr als alles in der Welt – Kraft und Mut, als Christen zu leben.

Für mich ... All das für mich.

Herr, so gib, dass ich in der Zeit, die mir noch bleibt, dir sagen kann: „Für dich!"

An vielen Orten habe ich dich gefunden, Herr! Ich spürte deine Nähe in der Stille einer Bergkapelle, vor dem Tabernakel im Halbdunkel einer leeren Kathedrale, in der Einmütigkeit einer Gemeinde, die dich liebt und die Gewölbe deiner Kirche mit ihren Liedern und ihrer Liebe erfüllt. Ich fand dich in der Freude; ich sprach mit dir, der du jenseits des Sternenhimmels wohnst, wenn ich am Abend nach der Arbeit schweigend nach Hause ging. Ich suche dich und finde dich oft. Immer aber finde ich dich im Schmerz. – Ein Schmerz, gleich welcher Art, ist wie der Klang einer Glocke, die zum Gebet ruft … Wenn der Schatten des Kreuzes naht, sammelt sich meine Seele im Tabernakel meines Innern. Sie vergisst den Klang der Glocke; dich sieht sie, mit dir spricht sie. Du bist es, der zu mir kommt. Und ich antworte dir: „Herr, da bin ich …" In dieser Begegnung spürt meine Seele nicht ihren Schmerz; sie ist erfüllt von deiner Liebe: umhüllt von dir, durchdrungen von dir …

Dann öffne ich die Augen wieder für das Leben, für jenes Leben, das nicht das endgültige ist, und von deiner göttlichen Kraft gestärkt, stelle ich mich neu in deinen Dienst.

Aus einem Brief (vermutlich aus dem Jahr 1944):

Ein Gedanke fasst unser ganzes geistliches Leben zusammen: der gekreuzigte Jesus.
Er ist alles.
Er ist das Buch der Bücher.
Er ist die Quintessenz aller Erkenntnis.
Er ist die brennendste Liebe.
Er ist das vollkommene Vorbild.
Machen wir ihn zum einzigen Ideal unseres Lebens. Er war es, der aus Paulus einen solchen Heiligen gemacht hat. Unsere Seele, die danach verlangt zu lieben, soll ihn immer vor sich haben, in jedem Augenblick. Unsere Liebe sei keine Sentimentalität. Auch nicht äußerliches Mitleid. Sondern Gleichförmigkeit mit ihm.

* * *

Der verlassene Jesus ist die Perle, die Gott uns angeboten hat ... Er ist für uns zum Wurm der Erde geworden (vgl. Psalm 22,7), zur Sünde: Wer könnte seiner Liebe widerstehen? Seine Liebe ist so unendlich, dass man sie niemals angemessen erwidern kann. Ja, wir haben wirklich die kostbare Perle gefunden: unsere Liebe!

Aus einem Brief (25.12.1944):

Vom Kreuz aus sagt er mir: „Alles, was ich hatte, habe ich für dich hergegeben, alles! Ich bin nicht mehr schön, nicht mehr stark; ich habe keinen Frieden mehr; die Gerechtigkeit ist tot, das Wissen stumm, die Wahrheit entschwindet. Es bleibt nur meine Liebe, die dir den ganzen Reichtum Gottes schenken wollte …" So spricht er zu mir, und er ruft mich, ihm zu folgen … Er ist meine Leidenschaft.

* * *

Jesu Schmerz der Gottverlassenheit, dieses große Geheimnis seiner Liebe zu uns Menschen, hat uns immer mehr ergriffen …, es zog uns regelrecht in Bann. Schön war dieser Gott-Mensch in seiner Liebe, derentwillen er so schmählich zugerichtet wurde. Zum Nichts ist er geworden (vgl. Psalm 73,22 [Vg.]: „Ad nihilum redactus sum"), verstoßen von der Erde und vom Himmel, um uns ins Reich Gottes zu führen, als seine Miterben, erfüllt von seinem Licht, seiner Liebe, seiner Macht, bekleidet mit höchster Würde. Jesus hat alles gegeben. Er hatte bei seiner Mutter Maria gelebt und war ihr und Josef gehorsam; sie hatten gewiss kein bequemes Leben. Dann die drei Jahre öffentlichen Wirkens, die Verkündigung der Frohen Botschaft, die Offenbarung der Wahrheit, das Zeugnis für den Vater, die Verheißung des Heiligen Geistes, die vielen Wundertaten der Liebe. Schließlich die drei Stunden am Kreuz: Er vergibt seinen Henkern; er öffnet dem Räuber an seiner Seite den Himmel; er schenkt uns seine Mutter und gibt schließlich seinen Leib und sein Blut für uns hin, nachdem er sich seinen Jüngern in den Zeichen von Brot und Wein geschenkt hat. Was ihm bleibt, ist seine Gottheit, seine Einheit mit dem Vater, die sich in Worten nicht ausdrücken lässt; eine Einheit, in der all seine Macht als Sohn Gottes gründet, sein Königtum am Kreuz. Doch dann spürt er die Nähe Gottes in seiner Seele nicht mehr; er fühlt sich fern, getrennt von dem, mit dem er eins zu sein bekundet hatte: „Ich und der Vater sind eins" (Johannes 10,30). Die Liebe ist in ihm genichtet, das Licht erloschen, die Weisheit verstummt.

Im verlassenen Jesus fanden wir jede Form echter Liebe verkörpert. Er liebt mit der Liebe einer Mutter: Ist sein Schrei der Verlassenheit nicht der Geburtsschmerz dessen, der uns als Kinder Gottes gezeugt hat? Er verkörpert die geschwisterliche Liebe; denn in seiner Passion macht er uns zu seinen Brüdern und Schwestern. Er ist der Bräutigam der Seele. Seine Liebe führt zur Einheit, lässt uns ganz eins werden mit ihm. Seine Liebe ist die Liebe eines Vaters: Ihre Frucht ist die neue Schöpfung.

Das ganze Evangelium

Würden wir die Weisungen, die Jesus uns im Evangelium gibt, einzeln betrachten, so stellten wir fest, dass er sie in seiner Verlassenheit alle gelebt hat.

In der Verlassenheit erfährt er in aller Härte, was es heißt, Vater, Mutter, ja das eigene Leben hintanzustellen (vgl. Lukas 14,26).

Der verlassene Jesus kann alle Seligpreisungen auf sich beziehen.

Im verlassenen Jesus strahlen alle Tugenden in einzigartiger Weise auf: Stärke, Geduld, Maß, Beständigkeit, Gerechtigkeit, Großmut ...

In der Verlassenheit erscheint Jesus nur noch als Mensch: Nie war er dem Menschen so nah, nie hat er ihn also so sehr geliebt. Und zugleich war er nie dem Vater so nah; denn aus Liebe zu ihm stirbt er auf diese Weise. In seiner Gottverlassenheit verkörpert Jesus das Höchstmaß der Liebe zu Gott und zum Nächsten. Und weil darin „das Gesetz und die Propheten" zusammengefasst sind (vgl. Matthäus 7,12), können wir sagen, dass der verlassene Jesus jeden Wunsch, jedes Gebot Gottes voll und ganz erfüllt hat.

Der verlassene Jesus ist somit der direkte Weg zur Heiligkeit; denn er stiftet Einheit mit Gott, dem Heiligen. Es genügte auf ihn zu schauen und im gegenwärtigen Augenblick wie er zu leben: Darin war alles zusammengefasst. Auf diese Weise hat sich alles vereinfacht.

Mit dem verlassenen Jesus leben: ihn „trösten", „Herzen für ihn gewinnen", „ihn umarmen"...

In seinem grenzenlosen Schmerz braucht Jesus unseren Trost. Wonach verlangt er denn in seiner Todesangst? Nach Gott! Können wir ihm Gott geben? Wenn wir eins sind, werden wir Jesus unter uns haben, und er, der aus der Einheit hervorgeht, wird unsere „verlassene Liebe" trösten.

Aus einem Brief (1948)

Später hat Chiara Lubich dazu angemerkt:
Man könnte einwenden, dass Jesus im Himmel, zur Rechten des Vaters, unseren Trost nicht braucht. Doch dieser Jesus, der vor 2000 Jahren die Verlassenheit durchlebt hat, war für uns sehr lebendig, wie gegenwärtig – und nie getrennt von seinem mystischen Leib, den Menschen unserer Zeit, in denen er seine Verlassenheit hinausschreit und in denen er unsere Hilfe und unseren Trost wirklich braucht.

Und wenn wir ihn „trösten" wollten, so ging es uns darum, das zu ernten, was er gesät hatte, das wirksam werden zu lassen, wofür er sein Leben gegeben hatte.

* * *

Wer ihn gefunden hat, gibt alles auf, um ihn zu besitzen. Und wie die Braut im Hohelied der Liebe macht er sich auf die Suche nach dem Bräutigam ... Ich möchte durch die Welt eilen und die Herzen für ihn gewinnen, und ich spüre, dass alle Herzen der Welt nicht ausreichen für eine Liebe, die groß ist wie Gott.

Aus einem Brief (15.6.1948)

Immer wieder spricht Chiara Lubich davon, dass sie ihn, den verlassenen Jesus, „umarmen" möchte, wenn er kommt: Das Bild zeigt sehr anschaulich, wie konkret, wie eng, wie real die Beziehung zu Jesus sein kann: geradezu „hautnah".
Wir sollen Kreuz und Schmerz weder idealisieren (was immer falsch ist), noch uns damit begnügen, leidvolle Situationen zu analysieren (was manchmal notwendig ist). Chiara Lubich lädt ein, die Chance der innigen Kontaktaufnahme mit dem zu ergreifen, der uns in jedem Schmerz begegnen möchte.

Suchen wir ihn allein, sehnen wir uns nach ihm. Und wenn er auf uns zukommt, *umarmen wir ihn sofort,* und wir werden das Leben finden!

Aus einem Brief (23.4.1948)

* * *

Gott, der die Liebe ist, begegnet uns im gekreuzigten und verlassenen Jesus, dem wir seinerseits in all unseren Nöten, Abgründen, Sünden begegnen können. Wie auch in denen der anderen ...

Ja zu Gott im Ja zum verlassenen Jesus

Wir dürfen nicht zwei getrennte Entscheidungen treffen, eine für Gott und eine für Jesus in seiner Verlassenheit, sondern wir entscheiden uns für Gott in Jesus dem Verlassenen. Er ist der Gott-Liebe, dem wir unser Leben geschenkt haben …, in ihm liegt die Verwirklichung des Neuen Gebotes, das Maß der Liebe … Er ist die größte Offenbarung der Liebe Gottes.

*Ja zum verlassenen Jesus
im Ja zu mir und den anderen*

Liebe den gekreuzigten Jesus in dir, in all deinen Schmerzen. Vor allem aber liebe ihn in den anderen, in den Brüdern und Schwestern. Wenn du jemand unter ihnen den Vorzug geben kannst, dann liebe ihn in denen, die vom Weg abgekommen sind, in den Erbärmlichsten, in den Abstoßendsten, in den Verlassensten, in denen, die von der Gesellschaft ausgestoßen werden und am meisten leiden.

Die „kostbare Perle" (vgl. Matthäus 13,45f) – ist das nicht Christus selbst, der sich „entäußerte" und erniedrigte bis zum Tod am Kreuz (vgl. Philipper 2,7f), er, der Gekreuzigte, in seiner völligen Armut, in der totalen Leere? Wenn wir ihn in uns leben lassen, sind wir ganz Liebe; nicht mehr wir leben, sondern er in uns (vgl. Galater 2,20). So kann Gottes Wille in uns Gestalt annehmen; wir leben nicht für uns selbst, sondern versuchen, für die anderen Liebe zu sein. Wenn wir innerlich frei und offen sind, können sie bei uns abladen, wovon ihr Herz voll ist. Wer so seine Ängste, seine Nöte und Sorgen ablegen konnte, fühlt sich oft befreit, öffnet sich vielleicht sogar für Gottes Liebe. So wird der Same auf guten Boden fallen (vgl. Markus 4,1–9), und das Reich Gottes, um dessen Kommen wir täglich bitten, breitet sich aus.

* * *

Herr, gib mir alle, die einsam sind ... Wie sehr leidest du unter all der Verlassenheit in der Welt ... Ich möchte alle lieben, die krank und einsam sind. Wer tröstet ihre Tränen? Wer nimmt Anteil an ihrem langsamen Sterben? Wer nimmt sich ihrer Verzweiflung an? Mein Gott, lass mich in der Welt ein sichtbares Zeichen und Werkzeug deiner Liebe sein, deine Arme, die alle Einsamkeit der Welt an sich ziehen und in Liebe umwandeln.

* * *

Ich möchte der Welt bezeugen,
dass Jesus der Verlassene
jede Leere ausgefüllt,
jede Finsternis erleuchtet,
jede Einsamkeit begleitet,
jeden Schmerz beseitigt
und jede Schuld getilgt hat.

Der folgende Schlüsseltext hat einen besonderen Entstehungshintergrund: eine „lichtvolle, einzigartige Zeit" im Jahr 1949, in der Chiara Lubich und ihre Gefährtinnen „viele Glaubenswahrheiten tiefer verstanden, auch was der verlassene Jesus, der alles in sich vereinte, für die Menschen und für die Schöpfung bedeutete". „Diese Erfahrung war so stark, dass wir meinten, das Leben würde immer so bleiben: Licht, Himmel. Die Realität, die dann folgte, war jedoch die Alltagswirklichkeit" – und eine neue Entscheidung für den verlassenen Jesus als ihr Ein und Alles (vgl.: So sollen auch sie eins sein, München 2015, 21f).

„Ich hatte mich entschlossen, bei euch nichts zu wissen außer Jesus Christus, und zwar als den Gekreuzigten" (1 Korinther 2,2).

Ich habe nur einen Bräutigam auf Erden: Jesus in seiner Verlassenheit. Ich habe keinen Gott außer ihm. In ihm ist der ganze Himmel mit der Dreifaltigkeit und die ganze Erde mit der Menschheit.

Was sein ist, ist darum mein, sonst nichts. Und sein ist der Schmerz der ganzen Welt – und deshalb auch mein.

Ich werde durch die Welt gehen und ihn suchen in jedem Augenblick meines Lebens.

Was mir weh tut, ist mein. Mein ist der Schmerz, der mich im Augenblick trifft. Mein ist der Schmerz der Menschen neben mir (das ist mein Jesus). Mein ist alles, was nicht Friede, Freude, was nicht schön, liebenswürdig, heiter ist ... – kurz: all das, was nicht Paradies ist. Denn auch ich habe mein Paradies, doch es ist jenes im Herzen meines Bräutigams. Ein anderes kenne ich nicht.

So werde ich durch die Jahre gehen, die mir bleiben: dürstend nach Schmerz, Angst, Verzweiflung, Schwermut, Trennung, Verbannung,

Verlassenheit und innerer Qual, nach ... allem, was er ist, und er ist die Sünde (vgl. 2 Korinther 5,21), die Hölle.

So trockne ich das Wasser der Trübsal in den Herzen vieler, die mir nahe sind, und durch die Gemeinschaft mit meinem allmächtigen Bräutigam auch in solchen, die fern von mir sind. Ich werde vorübergehen wie Feuer, das verzehrt, was vergehen muss, und nur die Wahrheit bestehen lässt.

Doch man muss sein wie er: Er sein im gegenwärtigen Augenblick des Lebens.

FACETTEN SEINES ANTLITZES

Kein Schmerz der Welt ist Jesus fremd. Er hat unsere Prüfungen auf sich genommen und identifiziert sich mit uns. Er begegnet uns in allem, was uns weh tut und Angst macht. Jede Situation, sei sie auch noch so schmerzhaft und erschreckend, zeigt uns sein Antlitz.

* * *

„Habt Vertrauen, ich bin es; fürchtet euch nicht" (Matthäus 14,27). Jesus scheint zu sagen:

Ich bin es, der dir in deiner Angst begegnet. Als ich am Kreuz geschrien habe, war ich von der Angst erfüllt, der Vater habe mich verlassen.

Du begegnest mir, wenn du entmutigt bist. Am Kreuz fehlte auch mir der Trost des Vaters.

Bist du orientierungslos? Ich war es auch und habe mein „Warum?" hinausgeschrien.

Wie du empfand ich Einsamkeit, Zweifel und den Schmerz der Verwundungen …

In allen körperlichen und seelischen Schmerzen können wir den verlassenen Jesus entdecken: Sie sind ein Schatten seines grenzenlosen Schmerzes.

In seiner Verlassenheit am Kreuz gleicht Jesus der Gestalt des Verstummten: Er kann nicht mehr sprechen, er weiß nichts mehr zu sagen: „Zum Nichts bin ich geworden, und ich verstehe es nicht" (Psalm 73,22, *Vulgata*).

Er verkörpert den Blinden: Er sieht nichts.

Und den Tauben: Er hört nichts.

Er ist der Müde, der nur noch klagt.

Er scheint verzweifelt.

Er hat Hunger ... nach der Einheit mit Gott.

Er verkörpert den Enttäuschten und Verratenen und scheint gescheitert zu sein.

Er hat Angst.

Er hat die Orientierung verloren.

In seiner Verlassenheit verkörpert Jesus die Dunkelheit, Traurigkeit, den Widerspruch: alles, was unverständlich und absurd ist; denn er ist ein Gott, der um Hilfe schreit.

Er ist der Nicht-Sinn.

Er ist der Einsame, Verstoßene, der zu nichts mehr nütze scheint ...

* * *

Wenn wir uns eines Tages unnütz vorkommen sollten, nirgends hingehörig und abgeschrieben, wenn dies unserem Verstand und mehr noch unserem Herzen, das sich mit Recht dagegen aufbäumt, absurd erscheint, dann sollten wir an den verlassenen Jesus denken. Auch unser stummer, namenloser Schmerz ist enthalten in den unzähligen Schattierungen seines Schmerzes.

Ihm einen Namen geben

Immer dann, wenn uns Angst überkommt, wenn uns ein Schmerz bedrückt, sollten wir versuchen zu erkennen, was sich dahinter verbirgt: Es ist Jesus, der in unser Leben eintreten möchte. Es ist eines der vielen Gesichter, mit denen er sich uns zeigt. Geben wir ihm einen Namen:

> Du bist es, du, der verlassene Jesus, der zweifelt;
> du, der verlassene Jesus, der verraten wurde;
> du, der verlassene Jesus, der krank ist …

Nehmen wir ihn auf, geben wir ihm Raum in uns. Und widmen wir uns danach dem, was Gott von uns möchte, das heißt lieben wir unseren Nächsten. Dann werden wir entdecken, dass Jesus uns wirklich immer mit seiner Liebe nahe ist.

* * *

Der verlassene Jesus verkörpert alles, was in irgendeiner Form unangenehm oder schmerzlich ist. Alles, was uns oder andere trifft, erinnert uns an ihn: unvorhergesehene Ereignisse, Zeiten bangen Wartens, Unglücksfälle, böse Überraschungen, Zweifel, Anklagen, Prozesse, Verbannung, Exkommunikation, Exil, der Tod eines lieben Menschen, Scheidung, Tragödien ... Man könnte endlos fortfahren. In diesem Tal der Tränen, das unsere Erde ist, wird er uns in immer neuer Gestalt begegnen.

Wenn Gott sich verbirgt ...

Scheitern, materielle Not, Aussichtslosigkeit, Zweifel, Versuchung ... Manchmal schmerzt uns das Leid derjenigen am meisten, die uns nahe stehen: ein drogenabhängiger Sohn, der keinen Ausweg findet; der alkoholgefährdete oder arbeitslose Ehepartner; die Trennung oder Scheidung guter Freunde; die alten und kranken Eltern ... Auch die materialistische und individualistische Gesellschaft, in der wir leben, kann uns Angst machen, genauso wie Krieg, Gewalt und Ungerechtigkeit. In diesen und ähnlichen Situationen kann uns der Zweifel kommen: Wo ist sie denn, die Liebe Gottes? War das alles nur Einbildung? Haben wir uns auf Trugbilder verlassen?

Es gibt nichts Schlimmeres, als sich in Augenblicken der Prüfung allein zu fühlen ... Jesus weiß darum; gerade in schweren, stürmischen Zeiten will er an unsere Seite treten und uns aufs Neue sagen: „Habt Vertrauen, ich bin es; fürchtet euch nicht" (Matthäus 14,27).

* * *

Ein Abschnitt aus dem Talmud hat mich sehr beeindruckt: „Wer nicht die Erfahrung gemacht hat, dass Gott sein Gesicht verbirgt, gehört nicht zum jüdischen Volk" (TB, Hagigah 5b).

In der gesamten Geschichte des Volkes Israel, bei Abraham angefangen, gibt es immer wieder Situationen, die von der „Verborgenheit Gottes" geprägt sind. Dies kommt auch in vielen Psalmen zum Ausdruck, in denen sich die angstvolle Erfahrung niedergeschlagen hat, dass Gott sein Angesicht verbirgt (vgl. Psalm 69,18; 104,29). Doch wenn sich Gott verbirgt, heißt das nicht, dass er abwesend ist. Hier auf der Erde bleibt es wohl für immer ein Geheimnis, weshalb Gott das Dunkel zulässt; doch diese Finsternis ist nicht für immer.

Die Schoah, jenes abgründige Trauma, das die Geschichte des jüdischen Volkes und die gesamte Menschheitsgeschichte getroffen hat, war kein endgültiger Sieg des Bösen. Kann also neues Leben entstehen? Wird nach dieser erschreckenden Finsternis das Angesicht Gottes wieder neu aufscheinen?

Das ist meine Hoffnung, und die Erinnerung, die so wichtig ist, kann der Geschichte eine Wendung geben und zum Aufbau einer neuen Welt beitragen.

GÖTTLICHE ALCHIMIE

Damit wir das Licht hätten,
hast du die Dunkelheit erlebt.

Damit wir die Einheit hätten,
hast du die Trennung vom Vater erfahren.

Damit wir die Weisheit besäßen,
bist du „Torheit" geworden.

Damit wir mit Unschuld bekleidet würden,
bist du zur „Sünde" geworden (2 Korinther 5,21).

Damit Gott in uns wäre,
hast du die Ferne von ihm erfahren.

* * *

Wir haben erlebt, dass Gott, der Liebe ist, sich an Großzügigkeit nicht übertreffen lässt. Wie durch göttliche Alchimie wandelt er den Schmerz um in Liebe. Anders gesagt: Er wandelt uns selbst um, lässt Jesus in uns leben. Diese Gegenwart Jesu zeigte sich uns in den Gaben seines Geistes, die in der Liebe zusammengefasst sind. Wenn wir einen Schmerz annahmen und uns freuten, dem verlassenen Jesus ein wenig ähnlich sein zu können, wenn wir dann weiter liebten und versuchten zu tun, was Gott im nächsten Augenblick von uns wollte, dann stellten wir fest: Der Schmerz war, wenn es sich um einen geistigen Schmerz handelte, oft nicht mehr da; und wenn es ein physischer Schmerz war, erschien er uns als „leichtes Joch".

Wenn unsere Liebe ganz rein war, das heißt bereit, auch den Schmerz anzunehmen, wurde der Schmerz zu Liebe … Wir hatten, wenn man so sagen kann, teil an jener Verwandlung des Schmerzes, die Jesus durch sein erlösendes Leiden gewirkt hat. Nach einer Begegnung mit dem verlassenen Jesus, dem wir unser Ja der Liebe sagten, spürten wir eine neue, tiefere Einheit mit Gott. Das Licht und die Freude kehrten zurück – und ein tiefer Friede: Frucht des Heiligen Geistes. Es war „sein" Friede, jener einzigartige Friede, den Jesus den Seinen verheißen hat und der uns – nach unserer Erfahrung – dann zuteil wurde, wenn wir in Prüfungen, Ängsten, inneren Kämpfen und Versuchungen eine Gelegenheit sahen, Gott unsere Liebe zu bekunden.

Was wäre unser Leben,
   wenn wir nicht auf dich blickten, Herr,
der du auf wunderbare Weise
alle Bitterkeit in Freude verwandelst,
auf dich am Kreuz, der du schreist,
ausgespannt zwischen Himmel und Erde ...
Zur Kälte geworden,
hast du dein Feuer auf die Erde geworfen;
zu Tode erstarrt, hast du uns
dein Leben geschenkt,
damit wir daraus leben ...
Uns genügt, zumindest ein wenig
dir ähnlich zu sein,
unseren Schmerz mit deinem zu vereinen
und ihn dem Vater zu schenken.

Wenn das Leiden nicht enden will ...

Im Leben kann man vieles tun
und vieles sagen,
doch die Stimme des Schmerzes,
stumm vielleicht und von keinem beachtet,
aber aus Liebe geschenkt,
ist das eindringlichste Wort:
Es erschüttert den Himmel.

Jesus schreit seine Verlassenheit hinaus, und diese wird *nicht* in Freude gewandelt, sondern endet im Tod ... Auch unter Tränen, in Bestürzung, in Angst wollen wir ausrufen, dass wir immer noch an seine Liebe glauben, an jene Liebe, die das Erdenleben und das ewige Leben zugleich umspannt. Maria, unsere Mutter, helfe uns in unserer Schwachheit!

* * *

Auch das Weinen gehört zum Evangelium: „Selig die Trauernden ..." (Matthäus 5,4). Die Gesundheit ist ein Geschenk, dessen man sich oft nicht bewusst ist; erst wenn man sie einbüßt, dankt man Gott für die Jahre der Gesundheit ...
Manchmal kann das Leiden bis zur Zermürbung führen. Auch dies ist ein Antlitz des am Kreuz verlassenen Jesus. Man kann an einen Punkt des Leidens kommen, an dem das Gespräch mit den Menschen unterbrochen ist und nur das beständige Zwiegespräch mit Gott bleibt, das wie ein kostbares Destillat aus dem Leiden hervorgeht.

* * *

Müde sind wir, Herr,
müde unter der Last des Kreuzes.
Tränenerstickt ist unsere Stimme,
und bittere Tränen sind unser Trank.
Müde sind wir, Herr,
müde unter der Last des Kreuzes.
Lass doch endlich die Stunde kommen,
da wir das Ziel erreichen;
denn hier finden wir keine Freude mehr,
sondern nur noch verzweifelte Trauer.
Unser geliebtes Gut ist drüben,
hier aber sind wir müde,
allzu müde unter der Last des Kreuzes.
Maria ist bei uns:
Schön ist sie, aber voller Traurigkeit.
Möge sie in ihrer Einsamkeit uns beistehen
in unserer verzweifelten Einsamkeit.

* * *

Vater, alles ist dir möglich. Nimm diesen „Kelch von mir! Aber nicht, was ich will, sondern was du willst (soll geschehen)" (Markus 14,36). Auch Jesus hat an die Allmacht des Vaters appelliert, damit das Kreuz der Passion von ihm genommen werde ... Diese Worte gaben mir Frieden ... Nach und nach kamen mir ähnliche

Schriftworte in den Sinn: „Jetzt ist meine Seele erschüttert …" (Johannes 12,27). „Da ergriff ihn Furcht und Angst und er sagte zu ihnen: Ich bin zu Tode betrübt" (Markus 14,33). „Selig die Trauernden, denn sie werden getröstet werden" (Matthäus 5,4) … Das Evangelium hat auch eine harte Seite; auch die gehört zu unserem Leben als Christen … – Also können auch verstörte, verängstigte, weinende Menschen die Frohe Botschaft bezeugen? Also kann es Zeiten geben, in denen ich wiederholt und lange meine Bitten an Gott richte, ohne je erhört zu werden? Ja, so ist es!

Weitergehen in Hoffnung

Es ist nicht wahr, Herr, dass das Leben nur aus Schmerz besteht. Es ist nicht wahr, Herr, dass das Kreuz alle Tage unseres Lebens überschattet und verbittert.

Gewiss, der Schmerz ist für die, die dich lieben, von unersetzlichem Wert. Aber wer dir folgt, findet nicht nur Schmerz. Wenn wir dir folgen, sehen wir vor allem dich. Du bist die Liebe und verwandelst jeden Schmerz. So können wir mit neuer Freude, nie gekannter Kraft und Entschiedenheit weitergehen.

Wenn mich ein Schmerz trifft, gehe ich in mich und sage: „Jesus, ich nehme diesen Schmerz an, denn du hast gesagt, dass wir unser Kreuz auf uns nehmen sollen. Was du willst, will auch ich." Dann konzentriere ich mich wieder ganz auf das, was gerade zu tun ist. Ich kann sagen, dass der Schmerz, zumindest wenn er geistiger Natur ist, manches Mal vergeht und in mir nur Liebe zurücklässt.

* * *

Wir begegnen körperlichen und seelischen Schmerzen, Krankheiten, vielen Formen des Leids, die mehr vom Tod als vom Leben zu sprechen scheinen. Warum all das? Vielleicht, weil Gott den Tod will? Nein, im Gegenteil, Gott liebt das Leben: Leben, das in seiner Fülle und Kraft unsere Vorstellung weit übersteigt ... „Wenn das Weizenkorn nicht in die Erde fällt und stirbt, bleibt es allein; wenn es aber stirbt, bringt es reiche Frucht" (Johannes 12,24). Manchmal lässt Gott zu, dass wir verschiedenste Erfahrungen von „Sterben" und „Tod" machen. Auch wir sollen auf unserem Lebensweg „Frucht bringen" ... Gott möchte, dass wir ein reiches, erfülltes, überfließendes Leben haben, in dem sich sein göttliches Leben widerspiegelt.

* * *

Zu denen, die ihm nachfolgen wollen, sagt Jesus: „Wer mein Jünger sein will, der verleugne sich selbst, nehme täglich sein Kreuz auf sich und folge mir nach" (Lukas 9,23). Jeder hat sein eigenes Kreuz. In der Christusnachfolge geht es auch darum, das anzunehmen, was einem widerfährt: ein Schmerz, eine unliebsame Störung, eine Krankheit oder Anfechtung; auch das Ja zu einer schwierigen Situation oder den eigenen Pflichten kann „unser Kreuz" sein ... Aus dieser Warte gewinnt alles in unserem Leben an Bedeutung. Das eine Mal werden wir einem Weizenkorn gleichen, das sich in der Erde auflösen und „sterben" muss, damit ein neuer Halm mit einer vollen Ähre heranreifen kann; ein anderes Mal gleichen wir einem Zweig, der beschnitten wird, um viele gute Früchte hervorzubringen ...

* * *

Das österliche Geheimnis sagt uns:
Jesus ist ...
das Leben, das den Tod überwindet,
das Licht, das die Finsternis durchbricht,
die Fülle, die jede Leere erfüllt.
Das Kreuz gehört wesentlich zum Christentum,
aber als Durchgang.
Die Tränen sind Vorboten der Tröstung,
die Armut weist voraus
auf den künftigen Besitz des Reiches,
die Reinheit öffnet den Zugang zum Himmel,
Verfolgung und Sanftmut
verheißen die Ewigkeit.

* * *

Aus christlicher Sicht gibt es das Kreuz nicht ohne Auferstehung (auch wenn wir die „Auferstehung" womöglich erst sehr viel später erleben). Kreuz und Auferstehung sind zwei Aspekte einer einzigen Wirklichkeit. Erst die Auferstehung wirft Licht auf das Kreuz. Der Evangelist Johannes sieht beides ineins; er spricht von „Verherrlichung".

EINE LIEBE,
DIE ALLES UND ALLE UMFÄNGT
Der verlassene Jesus und die Einheit

Das Buch des Lichts, das der Herr in meiner Seele schreibt, hat zwei Seiten: eine leuchtende Seite voll geheimnisvoller Liebe, die Einheit. Und eine Seite, die von einem geheimnisvollen Schmerz erhellt wird, Jesus der Verlassene. Es sind wie zwei Seiten einer einzigen Medaille.

* * *

Durch Jesu Tod und Auferstehung wurde jeder Bruch geheilt. In ihm, der tot war und auferstanden ist, sind der neue Mensch und die neue Welt bereits Wirklichkeit ...

Wer an Christus glaubt und befolgt, was er verlangt, tritt schon hier auf Erden in die Einheit ein, er fügt sich ein in jenes neue Volk, das über die ganze Erde verstreut ist und in dem alle in Frieden zusammenleben.

* * *

Der gekreuzigte und verlassene Jesus hat sich wirklich mit allen Menschen der Vergangenheit, Gegenwart und Zukunft eins gemacht, er hat die Einheit wiederhergestellt, indem er sie am Kreuz mit seinem Blut und seinem Schrei bezahlt hat.

* * *

Für uns alle ist er zum „Fluch", zur „Sünde" geworden (vgl. Galater 3,13; 2 Korinther 5,21), obwohl er selbst ohne Sünde war. In ihm finden wir uns alle wieder. Er ist der „Ort", wo wir jedem Menschen begegnen können; er ist die „schiefe Ebene", die zu jedem Menschen führt, in welchen Tiefen er sich auch befindet.

* * *

Für den Verstummten ist der verlassene Jesus das Wort geworden, für den Fragenden die Antwort, für den Blinden das Licht, für den Tauben Gehör, für den Müden Ruhe, für den Verzweifelten Hoffnung … So verwandelte der verlassene Jesus die Menschen und gab der Sinnlosigkeit des Leidens Sinn. Die Kirchenväter haben das Wort geprägt: *Alles, was er angenommen hat, ist auch erlöst.* Karl Rahner schreibt dazu: „Alles, was *er* angenommen hat, ist erlöst, weil es so Gottes Leben und Gottes Schicksal selber geworden ist. Er hat den Tod angenommen; also muss dieser mehr sein als der Untergang in leere Sinnlosigkeit. Er hat es angenommen, verlassen zu sein; also muss die erstickende Einsamkeit noch die Verheißung seliger Nähe Gottes in sich bergen. Er hat die Erfolglosigkeit angenommen; also kann der Untergang ein Sieg sein. Er hat die Gottverlassenheit angenommen; also ist Gott nahe auch dort, wo wir von ihm uns verlassen meinen. Er hat alles angenommen; also ist alles erlöst" (Schriften zur Theologie Bd. 7, ²1971, 138f).

Und „erlöst", so können wir mit dem Epheserbrief ergänzen, heißt eben auch neu eingefügt in Gottes Plan mit der Menschheit, ja mit seiner Schöpfung: „in Christus alles zu vereinen, alles, was im Himmel und auf Erden ist" (Epheser 1,10).

Schlüssel der Einheit mit Gott ...
und unter den Menschen

Wer das Kreuz auf sich nimmt und bejaht, weil Christus es uns aufgetragen hat, findet nicht nur Schmerz. Wer es bereitwillig trägt, auch wenn es hart ist, findet vor allem die Liebe: Er findet Gott.

* * *

Ja, Herr! Wenn ich dem Kreuz begegne, finde ich dich darin. Danke, dass du mich zu dir zurückgerufen hast und nicht nur zu Dingen, die mit dir zu tun haben. Denn nichts zieht mich so sehr an wie das Alleinsein mit dir. Eines Tages werde ich zwangsläufig allein vor dir stehen ... Jetzt aber kann ich mich in Liebe dafür entscheiden. Herr, du vermagst alles; in deinem Namen bitte ich dich um dieses beständige Gespräch mit dir, der du in mir lebst, in dem Ereignisse, Menschen und Dinge unsere Liebe tiefer werden lassen. Dies ist wahres Leben: ein Funke von dir, Leben ohne Trug, ohne Enttäuschung, ohne Stillstand, Leben, das nicht endet.

Zur Einheit finden wir, wenn wir den gekreuzigten und verlassenen Jesus lieben; es ist die Liebe zu ihm, die eine lebendige Einheit ermöglicht.

* * *

In der Erfüllung des Willens Gottes, der darin besteht, Gott und den Nächsten so zu lieben, dass wir ganz eins werden, finden wir das Kreuz, an das wir uns festnageln lassen sollen. Haben wir keine Angst, sondern seien wir froh; es ist das Ziel, auf das wir zugehen! Jesus braucht Menschen, die es verstehen, ihn so zu lieben; Menschen, die sich für ihn entscheiden – nicht wegen der Freude, die seine Nachfolge schenkt, nicht weil er uns einen Platz im Himmel vorbereitet hat, nicht wegen ewigen Lohns, auch nicht wegen des guten Gefühls, richtig zu handeln. Nein, nicht deshalb, sondern einzig, weil die Seele nach der wahren Liebe dürstet und verschmelzen will mit seiner göttlichen Seele, die in Todesqual nur noch schreien kann: „Mein Gott, mein Gott, warum hast du mich verlassen?"

Wir haben nur ein einziges Leben, und das ist kurz. Dann erwartet uns der Himmel; auf ewig werden wir bei ihm sein. Wir werden ihm, dem

Lamm Gottes, folgen, wohin er auch geht. Haben wir keine Angst zu leiden. Doch suchen wir das Leiden, das uns Gottes Wille darbietet; ... jener Wille Gottes, der in der gegenseitigen Liebe besteht: im „neuen Gebot", der Perle des Evangeliums! Bitten wir den Vater im Himmel im Namen Jesu um die Gnade, möglichst bald die Stunde herbeizuführen, da wir alle eins sind ...

Dann wird Gott unter uns leben: Wir spüren es. Wir werden uns über seine Gegenwart freuen; er schenkt uns sein Licht und entflammt uns mit seiner Liebe!

* * *

Der verlassene Jesus lehrt uns, Gedanken und Neigungen zum Schweigen zu bringen ..., ja sogar Inspirationen beiseite zu lassen, um uns mit den anderen eins zu machen, ihnen zu dienen, sie zu lieben.

* * *

Jesus hat uns so sehr geliebt, dass er die Verlassenheit durchlitt und für uns gestorben ist. Höchst selten wird die Liebe zu den Brüdern und Schwestern von einem von uns verlangen, das Leben für sie zu geben. Doch wenn die Liebe, die wir einander entgegenbringen, nicht die Absicht beinhaltet, zu lieben, wie er uns geliebt hat, hat unsere Liebe nicht diese Qualität ...; eine solche Liebe aber ist die Voraussetzung, damit er unter uns sein kann. So zu lieben bedeutet „ein anderer Christus" zu sein ...

* * *

Aus einem Brief an Ordensmänner (17.2.1949):

Nur wenn Sie den verlassenen Jesus immer wieder aus ganzem Herzen umarmen, dessen Leib eine einzige Wunde und dessen Seele voll Dunkelheit ist, werden Sie zur Einheit fähig sein ... Hier liegt das Geheimnis des größten, letzten Wunsches Jesu: „Alle sollen eins sein" (Johannes 17,20).

* * *

Wenn die Einheit unter uns brüchig geworden war, so war es der verlassene Jesus, der sie uns wiederfinden ließ. In der Einheit, mit Jesus unter uns, hatten wir die Fülle des Lebens erfahren; wenn sie fehlte, verspürten wir eine innere Leere ... Auch solche Situationen erinnerten uns an die Verlassenheit Jesu; sich ihm ein wenig ähnlich zu wissen konnte also Grund zur Freude werden. Und spiegelte nicht auch der andere ihn wider: Jesus, den wir lieben wollten? In der Liebe fanden wir wieder zur Einheit untereinander ... Der verlassene Jesus hat in uns alle Kämpfe gewonnen, auch die schwierigsten ... Sobald er uns in einem Schmerz begegnete, umarmten wir ihn, und in ihm fanden wir das Leben.

Jesus in seiner Verlassenheit war es, der uns den Weg zur Fülle der Einheit gezeigt hat. In seinem Testament hat Jesus gebetet: „... ich in ihnen und du in mir: So sollen sie vollendet sein in der Einheit" (Johannes 17,23). – Wenn Jesus in mir ist, wenn er im anderen, in allen ist, dann sind wir „in der Einheit vollendet". Doch damit Jesus in uns sein kann, ist es wichtig, ihn als den Verlassenen zu lieben: in den Schmerzen, im Gefühl der Leere, im Scheitern und Versagen, in allen traurigen Momenten des Lebens. Wenn Jesus so in mir und in den anderen lebendig ist, haben unsere Begegnungen eine besondere Prägung: Wir finden uns auf ganz tiefe Weise, fühlen uns als Geschwister.

„DER GOTT UNSERER ZEIT"

Die Verlassenheit Jesu am Kreuz hat schon in den ersten Jahrhunderten die Aufmerksamkeit verschiedener Kirchenväter auf sich gezogen. Im Mittelalter wurde dieses Geheimnis ein wenig vertieft, doch bei den Theologen der nachfolgenden Jahrhunderte fand es insgesamt kaum Beachtung; immerhin haben einige Heilige darauf verwiesen. Auf viele Zeitgenossen freilich übt die Verlassenheit Jesu eine besondere Faszination aus: Wie könnte sie auch in einer Zeit, die eine „epochale Nacht Gottes" (Johannes Paul II.) durchlebt, nicht zumindest Neugier und Interesse wecken?

* * *

In der Kirche gibt es auch heute manches Kreuz. Trotz der bekannten Veränderungen durchlebt sie – wie die ganze Welt – eine dramatische Zeit; auch in der Kirche begegnet uns der verlassene Jesus, den zu lieben wir gerufen sind. Nicht zuletzt zeigt er sich uns in unserer vielfach zerrissenen Welt und in den oftmals gewaltsamen Auseinandersetzungen. Und doch ist jedem Menschen gleichsam wie seine DNA die Sehnsucht nach einer universalen Geschwisterlichkeit eingeschrieben. Christus ist auf die Erde gekommen, um die Einheit wiederherzustellen. Und darum ist es unsere Leidenschaft, aus Liebe zu ihm, dem verlassenen Jesus, uns zusammen mit vielen anderen für die universale Geschwisterlichkeit zu engagieren.

* * *

An den verlassenen Jesus erinnern nicht zuletzt die oft beklagten Nöte und Missstände unserer Zeit. Nur ein Beispiel: die Säkularisierung. Denken wir etwa an die vielen jungen Leute, aber auch an die Erwachsenen, die Gefangene einer missverstandenen Sexualität sind; an die Drogen- und Alkoholabhängigen ...

Vieles ließe sich hier nennen; zu verstehen sind diese unsäglichen Nöte kaum – wie der unsägliche Schmerz des verlassenen Jesus für die ersten Christen unbegreiflich war. Aber wo immer es möglich ist, wollen wir uns engagieren, zumindest kleine Zeichen setzen ...

Folgen hat die Säkularisierung auch auf moralischem Gebiet. Dass bestimmte Werte schwinden, lässt sich auch unter guten Christen feststellen … Für die Kirche ist es eine Verarmung, wenn Menschen, die erwählt und gesandt sind, die Frohbotschaft zu verkünden, ihrem Auftrag nicht weiter nachkommen oder nachkommen können. Hier begegnet uns der verlassene Jesus als die Wahrheit, die schweigt.

Besonders in der westlichen Welt, aber nicht nur dort, sind Denkweisen verbreitet, die den Glauben ernstlich bedrohen: die Tendenz, ihn als reine Privatangelegenheit zu betrachten; eine Haltung, die alles in Zweifel zieht … – wieder ein Antlitz des verlassenen Jesus, diesmal in der Gestalt der Verunsicherung.

Und nicht zuletzt ist der Konsumismus zu nennen, der Triumph des Habens, der die Armen immer mehr verarmen lässt. Auch mit ihnen hat sich der verlassene Jesus identifiziert; in ihm können auch sie sich wiederfinden. Wie fern ist doch die Mentalität der Konsumgesellschaft von der Haltung des Verlassenen, der sich von allem frei und ganz leer macht, der zum Nichts wird: In ihm triumphiert das Sein, das Liebe-Sein.

Der verlassene Jesus hat alle Absurdität, allen Schmerz, die Sünde und Schwäche auf sich genommen und in seinem Schrei der Verlassenheit das Böse zum Guten gewandelt, das Chaos in Ordnung, die Uneinheit in Einheit. Sein Schrei hallt wider in seiner Kirche: Er ist wie ein Ruf nach dem Göttlichen, das der Welt Licht und Leben geben kann; ein Appell an eine ethische Ordnung, die den Menschen vor dem Untergang bewahrt; an einen wiedererstarkten Glauben, der schöner, wahrhaftiger und von Nebensächlichem frei ist; an die gesellschaftlichen Strukturen, menschlicher zu werden; an die Christen, Kirche im ursprünglichen Sinn zu werden: lebendige Gemeinschaft … Zu dieser Kirche gehören auch wir; auch wir möchten uns einbringen mit den Gaben, die Gott in uns hineingelegt hat wie in ein zerbrechliches, irdenes Gefäß.

Der verlassene Jesus und die Ökumene

In Jesu Schrei der Verlassenheit ist das ganze Evangelium enthalten, nicht nur Christi Weisungen zu einem christlichen Leben, sondern auch die Worte, die die Kirche betreffen. Somit erscheint uns der verlassene Jesus auch in ökumenischer Hinsicht von großer Bedeutung: In ihm liegt das Geheimnis dafür, dass alle Christen als Brüder und Schwestern hinfinden zu jener sichtbaren Gemeinschaft, die Christus gewollt hat. Ihm folgend, vor allem aber durch die Teilhabe an seinem Leben, an seinem Schmerz, wollen wir der Kirche immer mehr dienen in dieser schwierigen und doch verheißungsvollen Phase der Kirchengeschichte, die viele neue Horizonte eröffnet hat.

*Der verlassene Jesus und diejenigen,
die sich zu keiner Religion bekennen*

Unseren Brüdern und Schwestern ohne religiösen Glauben kann man, so scheint uns, den Gekreuzigten nicht in der Weise präsentieren, wie er in den ersten Jahrhunderten den so genannten „Heiden" vorgestellt wurde. Denn Fragen nach dem ewigen Heil, nach der Auferstehung und nach einer künftigen Welt sind heute nicht gerade die Fragen, die Menschen ohne Bezug zum christlichen Glauben am meisten interessieren würden. Eher sind sie ansprechbar und offen für Jesus (auch für einen Gekreuzigten!), der ganz und nur Mensch zu sein scheint – wie in seiner Verlassenheit. Und manch einer fühlt sich unwillkürlich angesprochen, wenn er Menschen begegnet, die ganzheitlich und in aller Einfachheit versuchen zu lieben – zu lieben bis zum Äußersten, bis zur Bereitschaft, gewissermaßen Gott für die Menschen zu „verlieren" und „Gesetzlose" zu werden, um die Brüder und Schwestern zu gewinnen (vgl. 1 Korinther 9,21). Wo dies geschieht, kommt man ins Gespräch, und es wächst Gemeinschaft. Unmerklich dringt das Göttliche in die Herzen ein; es beginnt die Gesellschaft zu prägen, und wie einst heidnische Tempel in Kirchen umgewandelt wurden, so kann auch eine Gesellschaft, die nicht im Namen Gottes errichtet wurde, zu einem „Haus Gottes" werden.

In seiner Gottverlassenheit wird Jesus zum Gekreuzigten derer, die sich zu keinem religiösen Glauben bekennen; denn für sie wurde er – wie gesagt – gleichsam „einer ohne Gott".

MYSTERIUM DES DREIFALTIGEN GOTTES

"Wer mich gesehen hat, hat den Vater gesehen" (Johannes 14,9); "Ecce homo: Seht, der Mensch!" (Johannes 19,5); "Als der Hauptmann, der Jesus gegenüberstand, ihn auf diese Weise sterben sah, sagte er: Wahrhaftig, dieser Mensch war Gottes Sohn" (Markus 15,39); "Jesus sprach: Es ist vollbracht! Und er neigte das Haupt und gab seinen Geist auf" (Johannes 19,30) ... – Jesu Kreuzestod in der Gottverlassenheit ist ein Geschehen, das hineinführt in das Geheimnis Jesu Christi, in das Mysterium des dreifaltigen Gottes.

„Und ich, wenn ich über die Erde erhöht bin, werde alle zu mir ziehen" (Johannes 12,32).

Jesus ist Jesus der Verlassene, denn er ist der Heiland, der Erlöser, und er erlöst dadurch, dass er über die Menschheit das Göttliche ausgießt durch die Wunde der Verlassenheit.

Sie ist die Pupille im Auge Gottes, die unendliche Leere, durch die Gott auf die Welt, auf uns blickt: das Fenster Gottes, geöffnet auf die Welt; das Fenster der Menschheit, durch das man Gott sieht.

Im Johannesevangelium heißt es über den Tod Jesu am Kreuz: Er „gab seinen Geist auf" (Johannes 19,30). Die Exegeten erklären, Jesus habe am Kreuz den Heiligen Geist ausgehaucht. Das heißt, dass Jesus, der Gekreuzigte, im Tod den Heiligen Geist gibt. Und der Heilige Geist bringt Freude, Frieden, Licht, Glück mit sich.

* * *

Wie eine sich öffnende Blüte, die sich ganz auftut, stirbt Jesus, der sein Blut vergießt und das irdische Leben hingibt, auch einen geistlichen Tod: Er „gibt" Gott. Er entäußert sich, macht sich leer von Gott – in jenem Augenblick der Verlassenheit, da er schreit: „Mein Gott, mein Gott, warum hast du mich verlassen?"

In diesem Schrei macht sich Jesus den Anfang des Psalms 22 zu eigen. Doch „wenn Christus ruft: ‚Mein Gott, mein Gott, warum hast du mich verlassen?', sind seine Worte nicht nur Ausdruck jener Verlassenheit, von der im Alten Testament wiederholt die Rede ist, besonders im Psalm 22 [...]. Man kann sagen, diese Worte über die Verlassenheit kommen aus dem Grund der unauflöslichen Einheit des Sohnes mit dem Vater; sie werden gesprochen, weil der Vater ‚die Schuld von uns allen auf ihn lud' (Jesaja 53,6)" (Johannes Paul II., Salvifici doloris, 18).

Wirkliche Verlassenheit für Jesus als Mensch: Gott lässt ihn in seiner Lage, ohne einzugreifen. Unwirkliche Verlassenheit für Jesus als Gott: Jesus kann sich, so er Gott ist und damit eins mit dem Vater und dem Heiligen Geist, vom Vater nicht trennen, sondern höchstens unterscheiden. Doch das ist eigentlich nicht mehr Schmerz: Es ist Liebe.

Das Leiden ist in Gott, so Jacques Maritain, „unendlich viel ‚realer' als das Leiden, das wir in uns tragen; doch ... in Gott bildet es eine vollkommene Einheit mit der Liebe". – Dieser Gedanke scheint mir hilfreich für ein tieferes Verständnis der Verlassenheit Jesu. Ist Gott nicht eins in der Unterscheidung der drei Personen: eins und dreifaltig „zugleich", in einer „Zeit" außerhalb aller Zeit, in der ewigen Liebe, in der der Vater *ist* in ewiger Zeugung des Logos, in der der Geist ewig hervorgeht als gleichfalls göttliche Person, die Vater und Sohn eint und gleichzeitig unterscheidet, sodass Gott einer ist und die Drei Gott sind? Kann das, was sich in der Verlassenheit ereignet hat, nicht ein – wenn man so sagen kann – „neues" trinitarisches Geschehen gewesen sein, vergleichbar der Inkarnation (als Beschluss des dreieinigen Gottes, dass das Wort Mensch wird) oder der Auferstehung (als Auferweckung des menschgewordenen Sohnes durch die Macht des Vaters im Heiligen Geist)?

Als der Vater Jesu Gehorsam sah, bis zur Bereitschaft, seine Kinder neu zu schaffen und ihm eine „neue Schöpfung" zu schenken (vgl. 2 Korinther 5,17), sah er ihn sich selbst so ähnlich, gewissermaßen als einen „anderen Vater", dass er ihn von sich selbst unterschied.

Freudiger Jubel in Gott-Liebe, der immer neu ist; ein Schrei unendlichen Schmerzes in der Menschheit Jesu: „Mein Gott, mein Gott, warum hast du mich verlassen?"

* * *

Jesu Verlassenheit ist ein großes Geheimnis ...
In der Verlassenheit handelt der Vater an Jesus, dem menschgewordenen Sohn, und zwar in Gestalt einer Unterscheidung von sich, die nicht Trennung, sondern Liebe ist. Als Mensch erlebt Jesus dieses Handeln als Trennung ... Jesus vereint sich mit der sündigen Menschheit und er-

fährt in seinem Menschsein die Gottferne. Der Theologe Louis Chardon schreibt dazu: „Der Vater lässt ... das äußere Martyrium seines Sohnes zu, ist aber selbst die Ursache der inneren Leiden Jesu." „Er verbirgt ihm seine Vaterschaft ... Und damit verbirgt er ihm ... zugleich die Gottheit, die bisher den Sohn mit Seligkeit überflutete. Jetzt sagt der Sohn nicht ‚Vater', sondern ‚Gott'" (Geheimnis des Kreuzes, Düsseldorf 1954, 19).

In demselben Schrei, in dem die ganze Macht der allmächtigen Liebe verborgen und doch enthalten ist, gibt Jesus sich aufs Neue dem Vater anheim, vereint er sich mit ihm. Wäre Jesus nicht Gott gewesen, so wäre das nicht möglich gewesen. So aber erscheint er gerade im Schrei der Verlassenheit mehr denn je als Gott. In diesem Schmerz und durch diesen Schmerz erfüllt Jesus seine Sendung: *„Consummatum est* – Es ist vollbracht" ... Durch den Schmerz der Gottverlassenheit wird auch die Menschheit Jesu auferweckt, verherrlicht und zur Rechten des Vaters erhoben. Und so werden die Menschen zu Kindern Gottes. „Es war die tiefste fühlbare Verlassenheit seines Lebens. Und in ihr wirkte er das größte Werk, das er in seinem gesamten Leben mit Wundern und Taten sowohl auf Erden wie auch im Himmel je vollbrachte, nämlich die Versöhnung und Vereinigung des Menschengeschlechtes durch die Gnade mit Gott" (Johannes vom Kreuz, Empor den Karmelberg II, 7,11).

Die Geburt der Kirche

Jesus schenkt uns in seinem Schrei das Leben; es ist die Geburtsstunde der Kirche, des neuen Gottesvolkes. Hier wird der Heilige Geist gegeben, der Geist, der als dritte göttliche Person Jesus mit dem Vater verband. In Jesu Gottverlassenheit ist für ihn das Band mit dem Vater verdunkelt. Dies ist der Preis für die Geistesgabe an uns, für jenes Band, das alle Menschen mit Jesus und untereinander eint und den mystischen Leib Christi hervorbringt, den *Christus totus*.

Eine neue Schöpfung

Der verlassene Jesus hat dem Vater eine neue Schöpfung geschenkt. Wenn wir, die wir die Schwelle des dritten Jahrtausends überschritten haben, sein Geheimnis betrachten und leben, kann und muss sich alles erneuern. „Seht, ich mache alles neu", sagt Gottes Geist (Offenbarung 21,5). Er schafft neue Menschen, neue Boten des Evangeliums; er erneuert die Familien, die Gesellschaft, die Pfarreien, die Städte; er bringt neue Generationen hervor, neue Worte, eine neue Musik, eine von innen her erneuerte Kirche, wie sie das Zweite Vatikanische Konzil gewünscht hat. Und wo etwas „alt" ist, das heißt ohne den Geist Gottes und ohne die Kenntnis Christi, hat der verlassene Jesus die Kraft, der Kirche Gottes neue Gläubige zu schenken.

In ihm ist jeder geistige Reichtum verborgen, der die Menschheit verwandeln und ihr auch da Hoffnung geben kann, wo es keinen Grund zur Hoffnung mehr zu geben scheint; denn niemand hat so gehofft wie er. Er, der schon alles in sich vereint hat, wartet darauf, dass wir ihm folgen.

Quellenverzeichnis

S. 10 Die große Sehnsucht unserer Zeit, München ²2011, 77.
S. 11 Der Schrei der Gottverlassenheit, München 2001, 29.
S. 12 Erst in der Nacht sieht man die Sterne, München ²2000, 65–67.
S. 13 Ebd., 49–51.
S. 14 Der Schrei der Gottverlassenheit, 30.
Jesus der Verlassene und die Einheit, München ²1992, 50.
S. 15 Ebd., 49.
S. 15f Der Schrei der Gottverlassenheit, 34f.
S. 17 Der Schrei der Gottverlassenheit, 42, 48f.
S. 18f Jesus der Verlassene und die Einheit, 61f
S. 19f Ebd., 50, 64.
S. 21 Ebd.., 44, 46.
Alle sollen eins sein, München ²1999, 125.
S. 22 Erst in der Nacht sieht man die Sterne, 34f.
S. 22f Die große Sehnsucht unserer Zeit, 91.
S. 23 Alle sollen eins sein, 26.
S. 24f Die große Sehnsucht unserer Zeit, 115f.
S. 26 Neue Stadt, Nr. 7+8/2002, 26.
S. 27 Der Schrei der Gottverlassenheit, 39.
S. 28 Alle sollen eins sein, 133.
S. 28f Neue Stadt, Nr. 7+8/2002, 26.
S. 29 Der Schrei der Gottverlassenheit, 43.
S. 30 Neue Stadt, Nr. 7+8/2002, 26.
S. 31 Die große Sehnsucht, 101.
S. 32 Erst in der Nacht sieht man die Sterne, 68.
S. 32f Der Schrei der Gottverlassenheit, 40.
S. 34 Erst in der Nacht sieht man die Sterne, 40.
Alle sollen eins sein, 30.
S. 35 Die große Sehnsucht, 85, 88.
S. 36 Der Schrei der Gottverlassenheit, 34f.
S. 36f Die große Sehnsucht, 96, 83.
S. 38f Ebd., 100, 117, 81.
S. 40 Alle sollen eins sein, 83.
Der Schrei der Gottverlassenheit, 56.
S. 41 Aus einem Brief von 1948, vgl. Jesus der Verlassene und die Einheit, 5.
Die große Sehnsucht, 123.
S. 42 Jesus der Verlassene und die Einheit, 38f.
S. 42f Der Schrei der Gottverlassenheit, 41f.
S. 44 Erst in der Nacht sieht man die Sterne, 54–57.
S. 45f Der Schrei der Gottverlassenheit, 31, 33f.
S. 46 Jesus der Verlassene und die Einheit, 45.
S. 47 J. Povilus, Jesus in der Mitte, München ²1990, 18.
Jesus der Verlassene und die Einheit, 56.
S. 48f Der Schrei der Gottverlassenheit, 44f.
S. 50f Ebd., 12, 86.
S. 51–55 Ebd., 87–90, 96f.
S. 56 Ebd., 117.
S. 57 Die große Sehnsucht unserer Zeit, 168.
S. 57–61 Der Schrei der Gottverlassenheit, 18–23.
S. 61f Ebd., 98.

Bücher mit Texten von Chiara Lubich aus derselben Reihe:

»GOTT LIEBT DICH ÜBER ALLES«
Kurze Gedanken aus unveröffentlichten frühen Briefen.
48 S., ISBN 978-3-87996-799-5

»ZUR FREIHEIT BEFREIT«
Über die frohe Botschaft vom Willen Gottes
Gott, der die Liebe ist, will heil machen, Frieden schenken, befreien. Das oft verstellte Wort vom »Willen Gottes« bekommt einen neuen Klang. 64 S., ISBN 978-3-87996-905-0

GOTTES WORT FÜR HIER UND HEUTE
Biblisch inspiriert leben
Eine Ermutigung, sich auf die Spur des Wortes Gottes zu begeben. Denn es wirft Licht auf unser Leben und Zusammenleben.
64 S., ISBN 978-3-87996-927-2

»ICH LIEBE, ALSO BIN ICH!«
Betrachtungen über die Liebe zum Nächsten
»Wir sind, weil wir lieben. Andernfalls verliert unser Leben Sinn und Geschmack. Wer kennt diese Erfahrung nicht?«
64 S., ISBN 978-3-87996-953-1

LIEBT EINANDER ...
Betrachtungen über das »neue Gebot«
Ein gemeinschaftlicher Lebensstil ist gerade in der heutigen Zeit »angesagt«. Und er ist wie ein Spiegel des Lebens der Dreifaltigkeit ..., 64 S., ISBN 978-3-87996-967-8

BROT DES LEBENS
Jesus heute begegnen in der Eucharistie
Jesu Gegenwart in der Eucharistie: das Geheimnis einer Liebe, die verwandelt und Gemeinschaft stiftet.
64 S., ISBN 978-3-7346-1029-5

SO SOLLEN AUCH SIE EINS SEIN
Meditationsimpulse
Über die Einheit, Gottes Herzensanliegen und Jesu Vermächtnis: „Alle sollen eins sein" (Johannes 17,20).
64 S., ISBN 978-3-7346-1065-3

Die Reihe wird fortgesetzt.

www.neuestadt.com